가시버시

가시버시

초판 1쇄 발행 2020년 6월 1일

지은이 박기환
펴낸이 장현수
펴낸곳 메이킹북스
출판등록 제 2019-000010호

디자인 안영인
편집 안영인
교정 김시온
마케팅 오현경

주소 서울특별시 금천구 가산디지털1로 142, 312호
전화 02-2135-5086
팩스 02-2135-5087
이메일 making_books@naver.com
홈페이지 www.makingbooks.co.kr

ISBN 979-11-970586-3-9(03810)
값 10,000원

ⓒ 박기환 2020 Printed in Korea

잘못된 책은 구입하신 곳에서 바꾸어 드립니다.
이 책의 전부 또는 일부 내용을 재사용하려면 사전에 저작권자와 펴낸곳의 동의를 받아야 합니다.

이 도서의 국립중앙도서관 출판예정도서목록(CIP)은 서지정보유통지원시스템
홈페이지(http://seoji.nl.go.kr)와 국가자료공동목록시스템(http://www.nl.go.kr/kolisnet)에서
이용하실 수 있습니다. (CIP제어번호 : CIP2020021479)

홈페이지 바로가기

볼우물 아름다운 행주치마 아낙네여
개숫물 친구하여 두 손이 미안하다
오지랖 남진덕에 모꼬지소식 알려줘도
밑겨집(本妻)하나 만족하고 첩둘생각 없다하니
고래기와 육선(肉膳)한들 부러울 것 없도다

박기환 시집

메이킹북스

시를 엮으면서

    필자는 목회자이기에 설교문 작성이 일의 대부분을 차지한다. 이 일을 위해 필요한 것이 명상(묵상)인데 때로는 신(神)의 위치로, 때로는 피조물의 위치로 경우에 따라서 그 중간자 위치에 자리를 잡을 때가 많다. 어느 위치에 있든지 묵상은 꼭 필요하다.

    필자가 주로 머무는 목양실 창문을 열면 교육관 지붕보다 높이 자란 금목서 나무가 서 있다. 나무를 바라보고 있노라면 어느새 한 시간이 금세 지나가고 만다. 새들이 와서 필자에게 인사하는 소리도 듣는다.

    설교문을 완성해 놓고 차 한잔을 마시며 창밖을 보면 때마침 지나가는 기차 소리는 방음벽을 넘든지 땅속을 통해서든지 고향 내음을 그대로 전해 준다. 이러한 곳에 살면서 시상(詩想)이 없다면 그는 차라리 인간이 아닐 것이다.

    대학 때 전공했던 교과서를 펼쳐 보았다. 《시론》, 《시조유형론》 책을 만지자 친구들이 그리워진다. 국어 선생을 해야 했으나 신의 부르심으로 교회 선생을 하고 있지만 문학과 신학을 접목할 수 있어서 이 생활이 즐겁다. 설교문 작성이 끝날 때마다 눈으로 창문 밖 금목서를 먹고, 귀로는 새소리를 먹으며, 입으로는 차를 마시며 펜을 잡아 시상(詩想)을 모아 봤다.

    창밖에는 지금도 새들이 노래한다.

인제동 목양실에서 박기환

차례

가리사니 ……………………… 8	난(蘭) …………………………… 31
가시버시 1 …………………… 9	농자천하지대본(農者天下之大本) ·· 32
가시버시 2 …………………… 10	단골네 ………………………… 33
감또개 ………………………… 11	달구가리 ……………………… 34
개숫물 친구 …………………… 12	달빛 …………………………… 35
건들장마 ……………………… 13	대나무 ………………………… 36
결혼 전 ……………………… 14	대잔(對盞) …………………… 37
까끔으로 ……………………… 15	도래솔 ………………………… 38
고향 …………………………… 16	동병상련(同病相憐) 1 ……… 39
곰방메 ………………………… 17	동병상련(同病相憐) 2 ……… 40
곰비임비 ……………………… 18	뒤고방 ………………………… 41
구곡천 무상(九谷川 無想) … 19	망월(望月) …………………… 42
그림자 ………………………… 20	매화틀 ………………………… 43
근원(根源) …………………… 21	몽상창(夢想窓) ……………… 44
기다림 1 ……………………… 22	무거리떡 ……………………… 45
기다림 2 ……………………… 23	무엇 먹고 자라기에 ………… 46
기다림 3 ……………………… 24	묵동(墨童) …………………… 47
기도(祈禱) …………………… 25	묵정밭 ………………………… 48
길마 …………………………… 26	물마 …………………………… 49
길일(吉日) …………………… 27	미쁘다 ………………………… 50
길짐승 ………………………… 28	바위 …………………………… 51
나그네 ………………………… 29	바지랑대 ……………………… 52
나는 나다 …………………… 30	반물치마 ……………………… 53

방문	54
버금 가마	55
법망(法網)	56
보릿고개 풋바심	57
본질(本質)	58
부모 마음	59
붕어의 하루	60
사금파리	61
사위	62
살강	63
샘	64
세월(歲月)	65
선왕상사(先王想思)	66
성은(聖恩)	67
소풍(消風)	68
시국(時局)	69
쇠발구	70
수구문(水口門) 순서	71
쓰개치마	72
시렁	73
안녕	74
야소교인	75
여우비	76
역마살(驛馬煞)	77
오늘	78
오사바사	79
옴니암니	80
옵쌀	81

유배지(流配地)	82
월하부인(月下婦人)	83
은퇴(隱退) 1	84
은퇴(隱退) 2	85
이별(離別)	86
인생	87
입길	88
조선 여인	89
조화(調和)	90
주인	91
참꽃 개꽃	92
천년수(千年樹)	93
천둥벌거숭이	94
초당(草堂)	95
충효(忠孝)	96
태평성대(太平聖代)	97
택호(宅號)	98
토끼 자귀	99
평미레	100
풍년 1	101
풍년 2	102
할아버지가 그러셨어요	103
허공(虛空)	104
효자(孝子)	105
회개(悔改)	106
희망(希望)	107

가리사니

삼팔선 너머 고향 하늘 이십 리
창공 철새는 비자 없이 오가는데
만물의 영장은 철새만 못하도다
통재로다, 통재로다
삼팔선 앞에서는 가리사니 없구나

가시버시 1

가시는 부뚜막 온기를 치마에 담아
아랫목 이불 속에 밥그릇을 숨겨 놓았다

버시는 그것도 모르고
아주버님 댁으로 장작을 짊어진다

가시는 지게 위에 보리쌀 보자기 올려 주자
버시는 오히려 등짐이 가볍다

가시는 또 아랫목을 쳐다본다

가시버시 2

볼우물 아름다운 행주치마 아낙네여
개숫물 친구하여 두 손이 미안하다
오지랖 남진 덕에 모꼬지 소식 알려 줘도
밑겨집(本妻) 하나 만족하고 첩 둘 생각 없다 하니
고래기와 육선(肉饍)한들 부러울 것 없도다

감또개

배고픈 날 마당에는 먹을 것이 있었지요
고추감나무 아래 감또개는 배고프면 맛있어요

많이도 떨어졌네

아까운 듯 바라보는 어머니는
물에어룰 장독을 보셨어요

침시(沈柿)는 우리 몫이었어도
홍시(紅柿)는 할머니 몫이었어요

까치밥도 꼭 남겨 두셨어요

개숫물 친구

어머니는 개숫물 친구였어요
따순 물도 아닌데

수챗구녕에 맑은 물이 들어가면
앞치마를 만지셨어요

어머니!

건들장마

빨래 할까요 말까요

여우비도 아닌 것이 큰비도 아닌 것이
어느 집 복(福) 주려고 이렇게도 하시는지요

빨래가 밀렸어요
이제 그만하시와요
건들장마 보담은 차라리 궂은비를 주시와요

말미를 주세요
빨래 할까요 말까요

결혼 전

바늘겨레가 웃는다
반짇고리도 웃는다
실첩도 따라 웃는다

좋은 날 다가오는데

시집갈 딸 이불 시치는 엄마 눈은
웃음기가 전혀 없다

좋은 날 다가오는데

한 땀 한 땀 이어 가는 엄마 손길
손등에 눈물이 떨어진다

까끔으로

나무가 젖었구나
찰가리가 힘이 없다

콜록콜록
아유 내워라

내일은 더 높은 까끔으로 가 보련다

고향

고향 진달래는 서울에도 피었구나
봄바람 속에 숨어 있는 흙 내음은 고향 맛과 다르고
지나가는 차 소리에 꾀꼬리 소리 그립도다

저승사자 닮은 간호사는 주삿바늘 올려다보고
이젠 나를 노려보지만
이 몸 병은 마음 병인지라 고향 흙 내음이면 깨끗할 텐데
어리석은 아들은 또 다른 주사를 맞으라 한다

아들아!
고향집 마루에 앉아 새르꽉(大門前) 쳐다보면
저절로 나을 것인데 헛수고한다 와…

곰방메

곰방메야 너도 쉬어라 나도 허리 아프다
예 말이요 쉬었다 합시다
소도 숨 돌려야 하지 않겠소
소가 사람 말을 알아듣는가
호리 없은 소는 눈치 없는 쥔장을 돌아본다
그러까
워이워이 이러이러

곰비임비

작년 가실 대문 위에 고추 금줄 걸렸지요
다섯째가 아들이여요

곰비임비
금년 가실에 또 고추 금줄이지요
여섯째는 막둥이예요

구곡천 무상(九谷川 無想)

인생사 잠시 잊고 바위 위에 앉았거늘
구곡천(九谷川) 맑은 물은 쉬어 감을 모르는구나

비둘기도 잠을 자고 호랑이도 잠자건만
뭐가 그리 급하다고 졸졸졸졸 흐르는가

때마침 보름밤에 풍월송암(風月松巖) 초청하니
수(水)! 자네 빠지면 무슨 재미있겠는가
쉬어 가게나

그림자

오늘은 혼자 있고자 하나
그림자 앞서 길 나선다

솔바람에 서성이며 연못 거울 바라보니
나는 나인데 너는 누구인가
물속에 잠긴 너는 춥지도 아니한가

너 감기 들면 나도 감기 올 것인데
애당초 따라나서지 말았어야지

나 혼자 있고 싶은데 어찌하면 좋은가
월공(月公)에게 물어봐야겠다

근원(根源)

뿌리는 하나거늘 가지 하나 불이요 가지 하나 물이로다
하늘도 하나인데 태양은 둘이구나

국방군도 쌀을 먹고 인민군도 쌀을 먹고
너희들이 먹는 쌀은 부모 피땀 농사란다

신(神)은 어이하여…
아뿔싸
내가 신(神)을 닮았구나
내 아들이 물·불이거늘

기다림 1

선영(先塋)에 누운 선친(先親) 외로웁지 아니하다
산소 옆 할미꽃은 선친 친구 하려는가
외로워도 또 외로워도 모친(母親) 부를 생각 말고
할미꽃 친구 삼아 소담소담(小談小談) 계시소서

기다림 2

서신(書信) 잘 보았네
이곳은 말일세
거마행차(車馬行次) 불가능하니 은퇴(隱退)하거든 오시게나
짚신 네 켤레 지팡이 하나면 당도(當到)할 수 있을 걸세

푸른 절벽 만년수(萬年樹)마다 휴심정(休心亭)을 세웠으니
술 대신 풍암(風巖)으로 한잔하고 오시게나
송, 백로, 매화, 난(松, 白鷺, 梅花, 蘭)이 이미 친구 되었으니
결코 심심하지는 않을 걸세

운로(雲露) 먹고 사는 나는 자네보다 더 살 것이니
언제든 오시게나 기별(奇別) 줄 필요 없네

기다림 3

나그네 중절모(中折帽)는 송림(松林) 사이 니고지고
기다리는 뱃사공은 낚시 놓고 하품한다
나루터 너럭바위는 일없이 잠들었지만
서풍은 깨어 있어 나그네 기다리네
때마침 기러기 떼 공맹(孔孟) 읊고 지나가니
천리(天理) 아는 나그네는 태풍(颱風)임을 알아본다

기도(祈禱)

끌밋한 내 사위는 과년(過年)한 딸 받아 주고
대자대비(大慈大悲)한 안사돈은 백계(白鷄) 고아 정성이다

아가!
너는 날 탁허믄 안 된다 와-
꼭 아들 낳아 웃음 소식 전하거라

하나님네 들으소사 삼시랑할매 들으소사
세상살이 모든 죄는 이 년에게 돌리시고
부디부디 내 딸년을 살피살피 주시옵사

정화수(井華水)를 원하시리잇까
새벽 기도 원하시리잇까
모두 받잡사오니
내 딸년을 어엿비 여기소사

길마

길마 벗을 날 없는 목회길
어제도 눈물이고 오늘도 눈물이네

하늘 바라보는 목사는
하나님 눈물을 보고 말았지요

사람이 주인 되어 가는 교회
하나님께선 또 다른 십자가를 준비하실까?

아니 아니여
하나님은 독생자 예수 하나뿐이여

그래 그렇구나
이 길마는 목사가 져야겠구나
주여!

길일(吉日)

언년이 총총걸음이 가볍구나
길일 잡아 준 주인마님

반녀니도 안 된 것을 언년이로 받아 준 주인마님
삼돌아 언년아
아들딸 많이 낳고 잘 살아라
가만히 바라보는 마님 눈시울은
친정 없는 언년이 친정이구나

길짐승

날짐승 쳐다보고 길짐승아 우지 마라
텅 빈 창공보담 도토리도 땅에 있다

깃들이려 내려앉은 자네 집은 어디인가
월세 없는 땅 냄새가 그리웁지 아니한가

금강산도 발밑이고 백마강도 이곳이네
해동청 친구보담 내 친구가 되어 보소

나그네

하나님 가라사대
너희는 나그네이니라

나간 사람 나그네는 제 집에 들어와야 평안이지요
문 열어 기다리시는 하나님 마음 느껴지나요

삼수갑산(三水甲山) 좋다 한들
다리 펴고 누울 수 있는 내 집이 제일이다
할머니 말씀도 느껴지나요

돌아오세요
들어오세요
인생은 나그네인 걸요

나는 나다

자연(自然)이라 이름하지 마라
하늘 깊이 떨어지는 하얀 새를 보았느냐
너의 아둔함을 인하여 내가 보냈느니라

너를 향해 외치는 소리를 이해하느냐
하얀 물방울도 파란 물감도 내가 보냈느니라

나이아가라 폭포를 네가 이름 지었다고
웃기지 마라
네가 부르는 자연(自然)은 자연이 아니라
나의 피조물(被造物)이니라

난(蘭)

인간은 잠을 먹고 자라는데
월광(月光)이 날 부르니 성장하기 어렵구나

달,바람,구름이 조화로워야 맡을 수 있는 이 내음은
이 밤에도 찾아와 친구 하나 늘어났다

난(蘭)
그대는 잠도 없는가

졸졸졸 계곡물 소리는 들리지도 않는다

농자천하지대본(農者天下之大本)

매양 부인 덕에 남새 반찬 대했지만
지금은 호미 잡고 늦은 비 놓칠세라 밭으로 나아간다
양반 체면이 유배지에서 필요할까

독서로 공맹(孔孟)은 자주 만나 보지만
소반상(小盤床)이라도 대하려면 호미 먼저 찾아간다
농자천하지대본은 세상에서 진리로다

조정녹(朝廷祿) 먹고사는 노론가(老論家) 어른들은
꽃 보고 수양(修養)한다지만
꽃보다 아름다운 것이 채소임을 언제쯤 알려는가
그래도 성상(聖上)께선 이 몸을 살펴 주사
이제라도 득도(得道)하게 하시니
과연 성은(聖恩)이시다

농자천하지대본
비가 상추를 적신다

단골네

기찻길 휘어질 때
송림(松林) 도린 곁 단골네가 살았지요

뜬금없는 징 소리는
어느 눈물 닦아 줬겠지요

하지만 오늘은
징 소리도 꽹과리 소리도 보이지 않네요

장꼬방 옆 오이는 꽃다지가 열렸고
주인 손길 기다리는데

이녁은
저 먼 세상으로 저 머---얼리
소리 없는 기별을 주네요

달구가리

솔개가 원을 그린다
저 아래 솜병아리를 측량한다

암탉은 하늘 낌새를 느끼고
병아리는 힘을 다해 걸어 본다

천우신조(天佑神助)가 따로 있을까
달구가리 손을 잡고 쭈쭈쭈쭈
주인마님 음성이 반갑도다

신의 은혜가 생명이로다

달빛

슬프도록 파란 달빛은 고향을 부르나니
새벽 부르는 닭 울음소리 반갑지 않구나
세상 만물 모든 것이 햇빛 먹고 산다지만
달빛 먹고 사는 노송(老松)은 고향 자취 닮았구나

대나무

세상의 모든 나무 휘어 가며 살건마는
북풍한설(北風寒雪) 대면해도 굽힐 줄을 모르는가
너 닮은 소나무는 사림(士林)의 벗이다만
올곧은 대나무야 충절(忠節) 시샘 견디어라

대잔(對盞)

난(蘭)이 힘들어하는 듯 보이니
십 리 밖 세상이 시끄러운 모양이다
그래도 부끄러운 꽃망울 준비하는 것이
새색시 볼을 닮았구나

대다유객(對茶有客) 없다고
대나무는 소스락소스락 불만을 토하지만
난(蘭)은 이제야 살 것 같다고 눈뜰 준비하는구나

난(蘭)을 친구할까 죽(竹)을 친구할까 고민하던 차에
차잔(茶盞)이 조르륵 소리를 낸다
친구 여기 있다고

도래솔

선친 무덤 옆엔 할미꽃이 피었구나
외로웠나 보다
죄송합니다, 죄송합니다

태풍도 이겨 내고 더위도 이겨 내고
외로이 서 있는 도래솔아
네가 효자로구나
고맙습니다, 고맙습니다

금년엔 짝배송(配松)을 심어야겠다

동병상련(同病相憐) 1

꾀꼬리 우지 마라 나도 따라 눈물 난다
삼 일을 울어 봐도 대답 없는 묘이어라
부모를 잃었느냐 네 짝을 잃었느냐
조용히 울고 싶다 저만 가서 울어라

동병상련(同病相憐) 2

큰 길 접어들어 얌전이 된 처녀 걸음
사부랑삽작 개울 건너 치마를 움켜쥐네

남새를 씻으려나 세수를 하려는가
아버님 오시기 전 옷매무시 잡아 보자

울어 대는 뻐꾸기는 동병상련 위로하는데
십 리 밖 세상은 어떻게 생겼는가

뒤고방

숫때 주인은 당신이셨습니다
뒤고방 두지에 넣어 두셨던 홍시(紅柿)
아들이 올 때만 내어놓으셨습니다

이토록 맛있는데도 당신은 바라만 보셨습니다
이제사 눈물 흘립니다
치아가 좋지 않으셨던 어머니

홍시만 드실 수 있었는데…

망월(望月)

보름달도 우리 것이고 그믐달도 우리 것인데
초승 해는 어디 있는가
아마 영국에 있겠지

일 년은 열두 달이고 달력은 벽에 있는데
해력은 또 어디 있는가
아마 미국에 있겠지

정월(正月)로 시작하여 달떡 송편 먹는 우리
그래도 해 없이 살겠는가

매화틀

아바님 불편하야 하늘만 바라보니
아들 마음 불편하여 매화틀 준비하네

할쓱한 얼골에선 선영(先塋)이 그리웁고
가친(家親) 마음 읽어 내는 아들손 분주하다

사립짝 열어 놓은 며느리도 부창부수(夫唱婦隨)
지게 발채 준비하자 가친 얼굴 피어나네

몽상창(夢想窓)

꿈에 본 아버님은 눈떠 보니 아니 있네
하던 말 남았는데 언제 다시 뵈올런고
다시금 눈감으면 꿈에서나 뵐 것인가
언제든 오시구랴 몽상창(夢想窓)은 열려 있소

무거리떡

보자기 속 무거리떡
아내 사랑 스며 있어

소금 하나 찬이지만
수라상에 비할 거냐

오려논 메뚜기는
옴포동이 아들 같다

무엇 먹고 자라기에

호랑이 새끼 사자 새끼도 이렇게 예쁜데
무엇 먹고 자라기에 맹수(猛獸)라 불리우는가

노랑 가방 어린이집 아이 걸음걸음
병아리 피 흐르는 양 이렇게 예쁜데

무엇 먹고 자라기에 사람 백장 불리우는가

음식 탓이겠지
아니야 아니야
그럼 왜
몰라
아담 피가 흐른 탓일까
차라리 자라지 않을 수는 없을까

묵동(墨童)

운자(韻字) 나눌 친구가 그립구나
인정 사납기가 세상 정치 때문이랴
묵동(墨童)아 벼루 살려라
권불십년(權不十年) 믿어 보자

묵정밭

잡초야 서러워 마소
자네가 있어 언덕이 있다오

묵정밭이라 욕하지 마소
그래도 지심은 최고라오

천둥지기 돼기논이라 얕보지 마소
여그서 우리 아들 대학 보냈다오

물마

큰비 처마 밑 제비 눈 초롱초롱
뜰방 위 고무신은 마루 밑에 오순도순

무녀리 큰아들은 물마 마당 첨벙하고
문설주 옆 어머니는 빨랫감도 감사하다

미쁘다

어찌 하나님만 미쁘리요
미더운 내 아들도 감히 견주오리이다

출가한 딸년들은 친정 잊은 지 오래지만
매양 문안하는 내 아들은 늘 봄이지요

아들아
느그 아부지 옆에 에미도 있지 않느냐

바위

인생은 눈감으면 흙으로 변하거늘
저 바위는 고래(古來)부터 지금도 그대로다
생명 있음은 변하여 가건만 생명 없음이 더 오래 살았구나
누가 생명이며 무엇이 죽음인가
현인(賢人)이 보면 일만 년이요 내가 보아도 오천 년이다
짧은 인생은 그대를 보고 말없는 가르침을 얻나니

바지랑대

햇볕 옴싹 안은 빨랫줄 바지랑대는
새들이 쉬어 가는 노두목 정거장인데

배짱 좋은 잠자리는 이곳이 편안한가 보다

오늘도 졸고 있는 바지랑대 잠자리는
어제 본 잠자리인지
새로운 잠자리인지

새들은 알고 있겠지

반물치마

쪽빛 하늘 아래
아장아장 반물치마

훠이훠이 저리 가아—

달구새끼들은 그래도 좋다고
자꾸만 몰려온다

방문

세속 함정 피하지 못해 이곳에 올라 보니
청아(淸雅)한 계곡물 소리 은쟁반에 옥구슬이로다

부끄러운 은거(隱居) 생활을
고상(高尙)한 말로 위로한다지만
떠나는 자네를 부러움으로 바라보노니
아마도 이 몸은
지조(志操), 절개(節槪)가 충만하지 못함이로세

가솔(家率)들은 잘 있다고 전해 주는 자네 말은
거짓이 반임을 숨기지 못하네 그려
그 반을 자네가 살피고 있음을 오가는 찻잔으로 알건마는
고맙다는 말을 하지 않는 이 못됨을 용서하시게나

혹시라도 이곳이 그리워지더라도
그래도 성상(聖上) 곁엔 자네가 필요할 걸세

나 결코 자네를 오해하지 않으리

버금 가마

버금 가마 타고 오는 내 여식(女息)을 보았는가
나랏님 굄을 받아 만삭옥체(滿朔玉體) 거동한다

물렀거라 쉬이--

구중궁궐(九重宮闕) 산해진미(山海珍味)를
어찌 감히 시늉할 수 있겠냐만
친정 김치 찾아 주는 내 딸이 고맙구나

어서어서 들어오소
달덩이 닮은 내 마마님

법망(法網)

주변 풍광(風光)은 고향 땅과 다름인데
하늘 위 보름달은 고향 달과 다름없다

남녘 고향에는 곡우(穀雨)차가 풍년일 텐데
죄인은 오늘도 송죽(松竹)으로 대신한다

자네 소식 기별하는 주마(走馬) 소리 반가웠네만
상복(喪服) 없는 내 처지를 부인께서 배려하야
부고(訃告) 속에 향(香)을 실어 주셨나니

유배(流配)의 몸으로 삼가 향을 올리오니
친구여 편히 가시게나

보릿고개 풋바심

역군은 이샷다
그래
보릿고개 풋바심은 웃음 가득 멀어진다

어리석은 인생들은 또 공로 타령이다
아서라, 아서라
내년에는 풀떼기를 맛볼 텐데

아하
역군은 이샷다

본질(本質)

논공(論功)을 따져 보면 어찌 상(賞)을 탐(貪)하리요
소장부(小丈夫) 부끄러움을 인생들은 모르지만
갓 쓰고 어험해도 월성(月星)이 보았기에
공(功)의 반(半)을 빼앗기고 남은 반(半)을 움켜쥘세
심장(心腸) 속 폐부(肺腑)까지 하나님이 살피시니
아니오 나의 공(功) 없습니다
차라리 벌(罰)을 청(請)하옵니다

부모 마음

장남(長男)이 승소(勝訴)한들 부모 마음 기쁠소냐
차남(次男)이 승소(勝訴)한들 부모 마음 기쁠소냐
시시비비(是是非非) 판결(判決)이야 법원에서 하겠다만
차라리 양보(讓步)하야 덕장(德將) 이름 얻어다오

붕어의 하루

노래를 하는 것인가
애곡을 하는 것인가
매미 소리는 물속에서도 보이는구나

시원한 공기 한 모금 그리운데
백로가 내려다본다
위험한 바깥세상이로다
깊은 곳으로 가 봐야겠다

한들거리는 저 그림자는 수양버들 춤사위인가
아서라, 정신 차려라
낚싯줄이 보이는구나
위험한 바깥세상이로다

이보시오 하나님네
우리도 살피시오
백로를 보내든지, 낚시를 거두든지
아니올시다
차라리 붕어 노조를 만들겠소이다

사금파리

어릴 때 우리는 부부였어요
나는 아빠 너는 엄마
아이는 없었지만
사금파리로 살림 장만했었지요
고막 껍데기는 종지였고요
깨어진 기왓장은 사발이었어요
아내는 살가운 정이 많았지요

하지만 지금은
죽마고우(竹馬故友) 부인이 되셨어요

사위

어머니 손놀림이 바쁘다

정제 도마엔 한 쫴기 미나리가 웃고 있다
박 서방이 온단다, 딸도 오겠지

한 자밤이면 충분한데도
두어 자밤 깨소금으로 만져 준다

딸 내음이 난다
어머니는 당산고개를 또 쳐다본다

살강

오늘도 살강엔 아버지 중발이 없다
언제 오시려나

찬물 한 그릇에 당산 너머 바라보는 엄마
휴--
한숨 소리가 여기까지 들린다

샘

십 리 걸어 쉬어 갈 즈음 샘 하나 숨어 있다
가일층(加一層) 십 리 걸어도 어김없는 샘이로구나
신(神)은 자연과 인간을 만들었음이 분명하다
목마를 때 샘을 주고 다리 아플 때 바위 주시니
도무지 인간 작품이 아닌 것이다
어리석은 인간은 한 방울 물 만들지 못하지만
그 물 가지고 조세(租稅), 권세(權勢), 운운(云云)하니
위정자(爲政者)들아
오늘은 하마(下馬)하고 이 길 한 번 걸어 보라

세월(歲月)

이 몸이 쓸데없다고 세상에서 버림받아
자신을 돌아보며 행장(行裝)을 꾸며 보니
이 몸이 변했는가 사모관대(紗帽冠帶) 변했는가
하늘도 아신 일을 이 몸만 몰랐구나
그래도 이 몸에 맞는 것은 지필묵(紙筆墨)뿐이로다

선왕상사(先王想思)

선왕(先王)은 이미 송춘재(松春齋)에 계시거늘
용안(龍顔)은 어이하여 달에 어른거리는가
은하수(銀河水) 유영(遊泳)하며 월성(月星) 노니는 선왕께서
풍광(風光)을 친구 하여 운자(韻字) 놓은 소신(小臣)을
무엇이라 하겠는가
선왕이시여

그래도 이곳은 꽃이 피었나이다

성은(聖恩)

장끼야 도망하지 마라 솔향(香) 따라왔느니라
다름인지 틀림인지 분별 못한 좌상덕(左相德)에
풍광(風光) 좋은 이곳으로 억지 걸음 왔다만은
성군(聖君)께선 이 좋은 곳 어찌 알고 계셨던고

소풍(消風)

동천둑 친구 삼고 물소리를 보아하니
구름을 휘저으며 물고기 날아간다
추풍낙엽(秋風落葉) 보아하니 하늘은 하늘이되
동천 하늘 참 주인은 물고기 너로구나

시국(時局)

솔바람 시원하여 대청(大廳)마루에 앉고 보니
산새가 곧 앉고서 쉬지 않고 짖어 댄다

이 무익(無益)한 사람아 이 시국에 뭐하느냐
내가 새 성정(性情)을 가졌는지 새가 인간 성정을 가졌는지
앵무새는 아니거늘 어찌 인간 소리로 들리는가

동쪽을 쳐다봐도 귀인(貴人)은 올 것 같지 않는데
서쪽 바람은 더 스산하구나

새만도 못한 사람이 나 하나면 족한 것을…

쇠발구

황소 거품 못 보았나 보다
이랴이랴 야단하는
농부 손길 매정하다

축대 돌 실려 있는 쇠발구를 돌아보니
움머!
매정한 주인 양반 두 개나 실어 놨네

저 건너 쟁기 끄는 칡소 너도 나를 보냐
인생 아닌 우리 우생(牛生)
어찌 우리 소관이겠는가
움머!

수구문(水口門) 순서

밥그릇도 장형(長兄)이 먼저요
국그릇도 중형(仲兄) 다음인데

북망산(北邙山) 향하는 수구문(水口門)은
순서 따로 없구나

쉬어 가자 찬찬히
오호라 문지기가 보이지 않는구나

쓰개치마

큰 애기씨 마실 간단다
향월아 쓰개치마 준비해라
전병(煎餅) 보자기도 챙겼느냐

미문 밖 세상 공기는
이렇게 시원하구나

반년만의 고샅 내음은
오라버니 계심이로다

시렁

메주 무게를 견뎌 내느라
시렁이 땀을 흘린다

아뿔싸
도련님은 이불 보따리마저 올려 버린다

휘어진 어깨
호롱불 바라보며 땀을 닦는 시렁은
궁시렁 하지 않는다

안녕

도리반도리반 엄마 찾는 아이 눈은 곧 울기 직전이다
세상 모든 것 준다 한들 엄마만 한 편한 곳 어디 있을까
말 못하는 눈망울은 벌써 득도(得道)했나 보다

엄마가 저기 있구나
빨랫줄 옆 엄마가 까꿍으로 안녕하니
아이는 비로소 잠을 청한다

깨어나도 엄마는 있겠지

야소교인

냇버들 시냇가에 댕기머리 치맛바람
아른아른 비추이는 물거울이 더 예쁘다

어데를 가시는가
종소리를 따르는가

오호라 야소교인이구나
어이할거나 나는 어이할거나

여우비

오늘은 예식장이 붐비겠네
여우비가 세 번째다
내년엔 동물원 호랑이도 늘어나겠네

아낙네 손놀림은
빨랫말이 짧다고 투덜대지만
호랑이 세 번이나 장가갔으니
내년엔 지리산 호랑이도 늘어나겠네

역마살(驛馬煞)

얼씨구 잘한다 쿵가쿵가 잘한다
할머니는 고갯장단으로 손뼉을 마주친다

발버둥이 손녀는 발장단으로 박자를 짓시늉한다
즈그 애비를 닮았나 보다 벌써 장단을 느끼다니
역마 삼시랑이구나 이러믄 안 되는디
할머니 얼굴엔 웃음과 근심이 겹쳐진다

오늘

저잣거리 굴뚝 연기 땅바닥에 내려앉아 하늘 흉내 낸다지만
산허리에 흰 구름은 분명 연기(煙氣) 아니로다

오늘처럼 하늘이 두 개이면
달은 어디에 머물려는가

바위 옆 노송(老松)에게 오늘을 물어보니
시냇물 그림자로 내 모습(貌襲) 보냈으니
그것으로 알라 한다

오사바사

반 시진을 걸어 약국을 두드린다

자정이 되었건만 아들 머리엔 열기가 그대로다
오사바사한 어머니는 약사를 깨워 낸다

졸고 있는 초승달은 어머니를 안내한다

옴니암니

잘난 사람 많은 세상
옴니암니 자기주장

겸손경천(謙遜敬天) 배웠건만
머릿속에 갇혔구나

통재로다, 애재로다

예조판서 생각나니
같이 한 번 찾아보세

웁쌀

어머니 밥 지슬 때 한 좀도리 웁쌀을 얹혔지요
눈알 많은 밥상에선 아버님과 막둥이 몫이고요
내음 먹고 눈으로 먹던 하얀 쌀밥은
아버님 일어나면 몇 알도 반가웠어요

유배지(流配地)

좌상(左相)께 득죄(得罪)하여 성상(聖上)을 떠나 보니
슬픈 바람 노래 되어 법망(法網)을 벗어났다

춘풍(春風)은 불어오고 백발(白髮)은 늘어 가지만
성은(聖恩)은 소식 없고 초근(草根)도 귀하구나

청산송림(靑山松林)은 작년 모양 그대로인데
인생사(人生事) 양상(樣相)은 나무만도 못하구나

월하부인(月下婦人)

월하부인(月下婦人) 장꼬방엔 정화수(井華水)를 올려놓고
엄동설한(嚴冬雪寒) 추위일랑 나를 막을 생각 마소
지나가는 구름일랑 어사화(御賜花)길 방해 말고
한양걸음 구만리길 청상(靑裳)여우 막으소사

은퇴(隱退) 1

천록(天祿) 먹는 기한 다 되어 은퇴(隱退) 날짜 기다리니
어디에 이 몸을 의지할까

청백(淸白) 이름 근처에라도 가고 싶었지만
복장(服裝)을 보아하니 어림없는 생각이로다

소천(召天)일 가까움을 느낄수록 부끄러움도 늘어 가는데
그나마 다행인 것은 내 집이 없음이라

낙타(駱駝) 바늘 익히 알지만
청부(淸富) 논리로 면죄(免罪)했으니
인간 논리가 하늘에서도 적용될까

청빈(淸貧)은 보았지만 청부(淸富)도 하늘에 있을지
바늘구멍 뚫고 온 낙타에게 물어봐야지

은퇴(隱退) 2

칠십 평생 달려와도 땅 한 평 없음이
가솔(家率)들에게 부끄러우나
몸부림쳤던 생애(生涯)를 하늘은 아시리라

산 뒤에 숨어 있던 태양은 다시금 오르지만
흰머리 가득한 백발(白髮)은 다시 검지 않으리

오늘도 달 오르면 묘 가는 길 더 가까울 것이니
하나님 이름 팔았던 이 몸이 부끄럽다

아름다운 빈손으로 하나님 대면하기를 바랄 뿐

이별(離別)

동창(東窓) 밖 붉은 해는 어제 본 그 해거늘
감나무 옆 지게 주인 대답 어이 없다던가
노상(老孀) 되신 어마님은 동서(東西) 구별 못 하시고
뜨는 해 보시면서 석양(夕陽)이라 고집하네

인생

산수(山水) 찾고 첩(妾)을 찾던 그 시절은 어데 가고
백발(白髮) 되어 정실(正室) 찾는 이 염치는 무엇인가
가친(家親) 기침 기억하고 달려오는 장남 보니
후레자식 면케 하신 부인공로(婦人功勞) 은혜(恩惠)로다

입길

구례떡 들어봤는가
진주떡 폴이 뽈라졌담서

우물가 공론은 늘 살이 붙었지요

뭔 소리 병원서 수술했다 글디마
수군덕질 입방아는 도마 위에 사람을 올렸지요

보성떡 그거이 아니여 죽게 됐다 글던디

엄지에 헝겊 조인 진주댁 물동이 이고 들어오니
여편네들 입방정 소리 다 어데 갔는가

암시랑 않네

조선 여인

누가 나를 조선 여인이라 부르는가

서러운 시집살이 부지깽이 장단으로 녹아 내는데
친정 하늘에는 아버지 얼굴이 아른거리네

너는 죽어서도 그 집 귀신이여
친정에 묻힐 수 없어

공자님 말씀보다 맞는 말임에도
이 서러움은 어디서 오는 것인가

말없는 눈물로 쥐어 주던 은장도에는
엄마 눈물 엄마 온기 느껴지는데

아— 으허——
엄마의 엄마도 친정이 있었다네

누가 우리를 조선 여인이라 부르는가

조화(調和)

저녁 시작되니
소 부르는 목동(牧童) 소리 운율(韻律)을 실었다
푸른 버들은 춤추는 자유를 바람에 맡겨 주니
고수(鼓手)가 없음에도 박자(拍子)가 맞았다
말없는 바람은 나무와 사람을 하나로 묶더니
이제 주인 닮은 소마저 박자를 찾았다
어느 명장(明匠)이 지휘한들 이 모습을 만들겠는가
하늘의 조화는 늘 보아 왔지만
오늘은 땅의 조화(調和)를 보고 말았다

주인

산허리 둘레 길을 사슴이 걷고 있다
이 길은 원래 내 길이니… 여유를 풍긴다
사슴도 반상(班常)이 있는가
걸음걸음이 정삼품(正三品) 닮았다
당하관(堂下官) 인간이 좁은 길 양보하니
당상관(堂上官) 그이는 헛기침 없이 지나간다

참꽃 개꽃

장군묘 개꽃은 이름 다름하여 예쁘구나
배고픈 아이는 참꽃 찾아 앉았구나

절벽 사이 철쭉꽃은 수로 부인 기다렸고
망개 사이 진달래는 견우 소년 기다렸네

천년수(千年樹)

그대 분명 세속(世俗)에 살지만
세속 내음 전혀 없도다
고요한 운무(雲霧) 먹는 기풍(氣風)으로
백로(白鷺)를 불러들이니
필부(匹夫)인 내가 감히 범접(犯接)하기 어렵구나
오늘도 이슬 먹고 배부른 버들가지 기지개 켤 때
나 또한 담장 너머 그대를 조용히 바라보고
잠시 세속을 털어 보노라

천둥벌거숭이

아가!
듣고 싶은 어머니 육성(肉聲)이지요

환갑이 지났어도
어머니 눈에는 천방지축(天方地軸) 천둥벌거숭이였지요
선산 무덤에서 이제 겨우 철들었나 봅니다

어머니!

초당(草堂)

풍월(風月)로 벗 삼은들 지는 해를 막을소냐
인생은 순응하여 백발(白髮) 맞아들이는다
청송(靑松)은 어이하야 불로장생(不老長生) 하려는가
나 또한 차 벗 삼고 초당(草堂)에서 살고 싶다

충효(忠孝)

군복(軍服) 입은 아들 잠을 수 없어
어머니는 애써 눈물을 감추었다

충효를 동시(同時)에 이룰 수 있는 비법은
공맹(孔孟)의 가르침에 정녕 없단 말인가

해 넘어가니 만물마저 숨소리를 죽인다
주마가편(走馬加鞭) 소리가 왜 이리 크게 들리는가

태평성대(太平聖代)

태평성대 오래가면 감사 잊은 인생이기에
신(神)은 기억을 위해 천둥을 주시고 우박을 준비하신다

아둔한 이 몸은 유배지(流配地)에서도 이 진리를 아는데
조정(朝廷)과 선비들은 어찌 우박을 부르는가

현신(賢臣)의 의무는 백성이 춥지 않게 하는 데 있는데
수작가무(酬酌歌舞) 절제하고 수신제가(修身齊家) 바라노니

태평 속에 전하시는 세미한 음성을 귀 기울여 들어 보라
올해도 풍년인데 내년에도 풍년일까

택호(宅號)

개구멍바지로 살았던 소시절이었지요
고향 땅 어머니 내음 그리워 무덤을 찾습니다

개다리소반은 호강이었지요
늘내 정제서 수저 드시던 어머니

당신의 이름은
구랑실떡 어머니입니다

토끼 자귀

나도 희고 땅도 흰데
굴 밖 사냥꾼은 어이 알고 왔단 말가
바다 용왕 샘바람은 기별 없이 온다던가
토끼야 우지 마라
눈밭 위 자귀 짚고 왔느니라

평미레

어머니는 장돌배기 평미리치는 선수지요
됫밑 한 줌 미리 보고 당기고 밀고 연습했지요
내일은 아랫장날이여요
평미레는 내일도 춤출 거예요
그래야 우리 남매 학교 다니거든요

풍년 1

푸른 하늘이 서럽다
땅은 풍년인데 가격이 흉년이다

검은 하늘이 서럽다
과실은 흉년이고 품삯은 풍년이다

목사는 그래도 감사하라고 한다
농사나 한 번 지어 봤으려나

아니구나 아니구나
감사는 하나님 말씀이구나
그렇지

풍년이어서 감사로구나
그런데도 눈물이 난다

풍년 2

올해도 웃음이다
알밤 얼굴이 아들 얼굴을 닮았다
거울을 보는 양
알밤 굴리며 웃는 모양도 토실토실

아서라
천천히 찬찬히
보늬를 벗겨야만 먹을 수 있단다

할아버지가 그러셨어요

할아버지가 그러셨어요

끝없이 먹어 대는 돼지를 하나님이 만드셨대요
사람도 하나님이 만드셨대요
요즈음 돼지 닮은 사람이 많아졌대요

할아버지가 그러셨어요

사람은 밥으로만 사는 것이 아니래요
하나님 말씀 먹고 산다고 했어요
먹기 좋아하는 돼지와 비슷하여도
사람은 한 가지 더
하나님 말씀 먹고 자라서 다르다고 하셨어요

할아버지 그렇다면
하나님 말씀 안 먹고 사는 사람은
사람이여요 아니여요
할아버지는 대답을 못 하셨어요
하지만 나는 답을 알아요

허공(虛空)

별도 없는 밤하늘 위 외로운 달은
좌우를 둘러봐도 친구가 없다
조광(照光)을 더 밝히어 친구를 찾아보니
저 아래 노송(老松) 옆 대청(大廳)마루에 홀로 앉아
차향 마시며 나를 바라보는 이 있으니
오늘도 외로웁지 아니하도다

효자(孝子)

소한대한(小寒大寒) 두 절기를 아궁이에 가둬 두고
아버님 기동(起動) 때까지 장작불로 방비하니

홍매화 눈 껌벅이는 이 시절이 옳다던가
뜬눈으로 겨울 보낸 소나무는 알 것이다

매화꽃 피었는데 이 추위는 어인 일인가

매화야 화내지 마라
송내골 효자 몸부림에 하늘이 감동하야
소한 바람 이제 주니 웃으며 맞으려무나

회개(悔改)

들판에 충만한 여름빛이 지평선을 움직인다
이 많은 명정포(銘旌布)는 끝날 때도 되었는데
하늘 위 독수리는 아사자(餓死者)를 또 찾았나 보다

궁수(弓手)는 뭐하는가 하늘을 조준하라
태양을 떨어뜨리면 이 시련이 끝나려나
아니다 아니여
태양은 내일 또 필요할 텐데

임금이 베옷을 입어야 끝날 것이여

희망(希望)

농사는 내가 짓는데 쌀밥은 양반이니
천년학(千年鶴)이 죽고 나면 이 세상이 변할소냐

이곳저곳 영재(英材) 탄생 축하하고 난리다만
세상 바꿀 수인재(秀人才)는 뉘 집에서 온단 말가

유자(儒者)는 반상(班常)이요 불자(佛者)는 체념(諦念)이니
그렇다면 야소교(耶蘇敎)는 뭐라던가